RÉCEPTION

DU

PRINCE DE CONDÉ

A DOUAI

PAR M. LE PRÉSIDENT DE POLLINCHOVE

1782-1783

DOCUMENTS INÉDITS

PUBLIÉS

Par BENJAMIN RIVIÈRE

Bibliothécaire de la ville de Douai

DOUAI

IMPRIMERIE O. DUTHILLŒUL, RUE LÉON-GAMBETTA, 12

1895

RÉCEPTION

DU

PRINCE DE CONDÉ

A DOUAI

PAR M. LE PRÉSIDENT DE POLLINCHOVE

1782-1783

DOCUMENTS INÉDITS

PUBLIÉS

Par BENJAMIN RIVIÈRE

Bibliothécaire de la ville de Douai

DOUAI

IMPRIMERIE O. DUTHILLŒUL, RUE LÉON GAMBETTA, 12.

1895

RÉCEPTION DU PRINCE DE CONDÉ

A DOUAI

Par M. le Président De POLLINCHOVE

1782-1783

DOCUMENTS INÉDITS

PUBLIÉS

Par BENJAMIN RIVIÈRE

Bibliothécaire de la ville de Douai

1782

Le vendredi 12 juillet 1782, Gaspard-Philippe-Jacques de Pollinchove, premier président du parlement de Flandre, tranquillement et commodément installé dans son cabinet

Les documents originaux que nous publions ici pour la première fois font partie du manuscrit 1002, t. IV de la Bibliothèque communale de Douai. Les principaux personnages dont il y est question sont :

M. de Polinchove (qu'il ne faut pas confondre avec son père et son grand père, tous deux premiers présidents du Parlement de Flandre), naquit à Douai, le 25 juillet 1737; il fut le dernier président de ce Parlement. Il émigra pendant la Révolution, et mourut à Tournai, le 21 février 1816.

M. de Calonne (Alexandre-Charles), né à Douai, le 30 janvier 1734, était alors intendant de Flandre, à Dunkerque. Quelques mois plus tard il devait être nommé contrôleur des Finances.

Le prince de Condé était le grand-père du duc d'Enghien, qui fut fusillé par ordre de Bonaparte, après un simulacre de jugement. Dans son voyage en 1783, il était accompagné de son fils, le duc de Bourbon, celui-là même que l'on trouva pendu à l'espagnolette de sa croisée, en 1830.

de travail, se remémorait non sans grande satisfaction les louanges et les compliments qui lui avaient été adressés dix-huit mois auparavant, lors de son installation (1). Surtout la pièce de vers, offerte par les écoliers du Collège d'Anchin (2), chatouillait quelque peu sa vanité. Aussi voulut-il la relire. Peuh ! Des vers quelconques, de circonstance, pour ne pas dire de commande, mais ils ne contiennent que des vérités :

« Nous les voyons récompensés,
L'Honneur est venu les chercher
Ces vertus désintéressées,
Qui n'aspiraient qu'à se cacher.
Qu'ébloui d'un éclat frivole,
L'ambitieux veille et s'immole
Pour obtenir un plus haut rang :
L'âme du sage est bien plus grande ;
Pour lui la vertu le demande,
Il y parvient en le fuyant.

———

Quel espoir ! quel heureux présage,
Que le choix d'un tel Magistrat !
Ici la vertu, d'âge en âge,
Marche à la tête du Sénat !
Rival de son illustre père.
L'héritier d'un nom qu'on révère,
Peuples, va combler vos souhaits :
Le vœu de son cœur magnanime,
Est d'éterniser votre estime,
En perpétuant ses bienfaits.

———

Ainsi la timide innocence,
En lui retrouvant un vengeur,
Bravera la veine puissance
De l'injuste persécuteur :

(1) 13 février 1781.

(2) Imprimé à Douai par Willerval.

Toujours armée par la justice,
Son bras enchaînera le vice
Frémissant et désespéré ;
Et du pauvre l'humble héritage,
Jamais ne sera le partage
De l'usurpateur décoré.

——

Vous acquérez un second père,
O vous ! dont le sombre réduit,
Triste séjour de la misère,
Cache la honte qui la suit !
Du malheur qui nous environne
Déjà le bienfaisant Calonne
Repousse les traits rigoureux :
Enflammé d'une noble envie,
Pollinchove voûra sa vie
Du (sic) plaisir de vous rendre heureux.

——

C'est par là que brillant de gloire,
Et sûr de l immortalité,
Son nom consacré par l'histoire
Vivra dans la postérité :
On dira : fils d'un homme illustre,
A son père il donna du lustre ;
Car il ne pouvait l'effacer.
On dira pour cet effort suprême,
Calonne était la vertu même,
Il parvint à le remplacer.

Evidemment Boileau eut trouvé bien à y redire. Mais ce sévère censeur était mort depuis longtemps, et, somme toute, cette poésie n'était-elle pas l'expression des sentiments de cœurs jeunes, honnêtes et sincères ! Aussi M. le premier, tout en se renversant dans son fauteuil, s'estimait-il un homme heureux. Tout marchait à souhait dans son parlement, aucune affaire ennuyeuse en vue, les vacances n'étaient pas loin, son bon cousin de Calonne allait être, sans nul doute, appelé aux plus haute destinées.... Une lettre qu'on lui apporta mit brusquement fin à ce doux rêve : elle était de ce bon cousin. Mais en la lisant, le visage de M. de Pollinchove changea de couleur, le sourire disparut de ses lèvres.

Aubers, le 11 juillet 1782.

« Nous venons, mon cher cousin, d'être informés que « M. le Prince de Condé qui vient voir les trouppes d'infan- « terie en Flandre, en qualité de colonel général, ainsi que « son régiment en garnison à Lille, arrivera le 19, à Cambrai, « le 20 au soir à Douay, le 21 à Lille où il séjournera le 22, « et le 23 à Dunkerque d'où il se rendra à Calais. Je vais lui « écrire de concert avec M. le Prince de Robeq pour lui pro- « poser les arrangements dont nous sommes convenus pour « son logement dans les différentes villes. Nous y avons « compris qu'il logerait chez vous, le 20, et que vous le re- « cevriez à Douay, où je me rendrai le même jour. M. de « Robeq le logera à Lille et je le logerai à Dunkerque. Je ne « doute pas que vous ne souscriviez volontiers à cette disposi- « tion et j'ai crû pouvoir écrire en conséquence en votre nom, « même sans avoir reçu votre réponse, parcequ'il ne serait « pas décent pour nous et pour la dignité de votre place que « cela fut autrement. Si M. le Prince de Condé accepte nos « propositions, comme je le présume, je vous en informerai « sur le champ.

« Je sais que vous n'avès pas encore placé de lit dans l'ap- « partement d'en bas où ce prince a déjà couché. Mon père « vous prie de faire prendre chez lui celui qui vous convien- « dra le mieux, de ses deux lits cramoisis.

« Je vous conseille de ne lui donner le samedi à son arri- « vée qu'un souper très peu nombreux, c'est-à-dire de n'y in- « viter que les deux colonels de votre garnison, M. D'Orbai,

« M. de Frédi, M. de Marfaing et M. de Villedieu. Je crois
« que ce sera ce qui lui plaira davantage. Il aura vraisem-
« blablement 5 ou 6 personnes à sa suite, ce qui vous fera
« un souper de 12 couverts. Je crois qu'il dinera le lende-
« main à Douai, et vous pourrés lui donner un diner de
20 à 24 personnes.

« Je vous conseille fort de ne prier aucune femme, pour
« éviter l'embarras des étiquettes. Je ne vous verrois à
« Douay que Mme de Cossé et Mme de Villedieu qui fussent
« dans le cas de manger avec lui, ou peut-être encore une
« ou deux autres, telle que Mme de la Grange, Mme de Roisin,
« si elle y est, Mme de Calonne, femme du chevalier d'hon-
« neur. Mais en vous bornant à celles-là vous vous faites des
« tracasseries dans votre compagnie. Je crois qu'à Liile et à
« Dunkerque, nous ne lui donnerons pareillement que des
« dinés d'hommes. Au surplus vous saurés quelques jours à
« l'avance ce qu'il aimera le mieux, je vous le marquerai.

« Adieu, mon cher cousin, j'arrive de Dunkerque et je vais
« demain à Lille. Je n'ai pas voulu différer à vous donner
« cet avis.

« Il y a grand bouleversement dans le ministère anglais.
« Il semble que le parti royaliste à repris le dessus dans le
« débat qu'il y a eu sur la question de savoir si l'on accorde-
« roit l'indépendance de l'Amérique. Le duc de Bedford qui
« est pour le roi, ayant soutenu la négative, l'a emporté. Le
« lord Schelburne s'est joint à lui ; tous les autres ministres
« ayant eu du dessous ont donné leur démission. M. Fox étoit
« à leur tête, le duc de Richemon, Keppel, le chancelier M.
« Burck, en un mot tous les ministre, excepté Schelburne,
« ont suivi son exemple, et il n'y a plus d'autres ministres
« que ce dernier. Qu'en résultera-t-il pour la paix ? Il est à

« craindre qu'elle n'en soit fort retardée. Au reste, c'est une
« révolution dont on ne peut pas encore calculer les effets.

    « Le Parlement de Paris a nommé des commissaires pour
« l'examen de l'édit portant établissement d'un 3e ving-
« tième ; il a dû être enregistré mardi dernier, si l'on a pas
« arrêté des remontrances. »

Pour une mauvaise surprise, c'en était une ! Il y avait de
quoi envoyer le cousin au diable ; c'est en vain que ce cher
cousin essayait de dorer la pillule, elle était amère. Il avait
beau lui offrir les lits de son père, dire que ce n'était qu'un
souper, qu'il n'était pas besoin d'inviter de dames, l'assurer
qu'il serait près de lui quelques jours avant pour l'aider, et
lui envoyer une chronique étrangère....
    Mais les récriminations n'avanceront pas les choses.
Aussi notre brave homme de Président tira à lui une feuille
de papier et, après réflexion, y jeta ses notes.

    « Point du tout de jeu, ni concert.
    « Commencer à danser à 5 heures.
    « Danser dans la grande chambre et dans la chambre
« qui la précède, placer les violons de la grand-chambre
« dans les croisées en plaçant des gradins dont on garnira
« le côté de la cour de planches pour mettre les musiciens à
« l'abri du froid et des injures de l'air.
    « Eclairer la grand-chambre de girandoles et de bras
« placés alternativement sur les pilastres de la boisserie, ce
« qui fait pour les fenestres deux bras, pour la cheminée
« deux autres, ou pour les paneaux de boisserie à côté ; pour
« le côté opposé aux fenestres, deux girandoles et un bras,
« pour le côté vis-à-vis la cheminée 2 bras et 2 girandoles,
« ou 3 bras et 2 girandoles.

« Placer un trumeau sur la cheminée.

« Faudra-t-il placer un lustre ?

« Eclairer la chambre qui précéde du lustre, et des bras
« de cheminée, plus 2 bras au trumeau des fenestres. Fau-
« dra-t-il éclairer davantage en plaçant des bras ou girando-
« les sur la tapisserie vis-à-vis des fenestres et de la chemi-
« née. On ne peut placer rien sur les panneaux des boisse-
« ries près les portes qui, étant ouvertes, laissent peu de
« place, et les lumières y seroient vivement agitées par l'air.

« Où placer les violons dans cette chambre ? On peut les
« mettre dans le coin étant à droite de la porte par où l'on
« entre. On feroit ouvrir l'armoire près de la cheminée pour
« les placer dans l'allée par où l'on va au palais ? Mettre
« des banquettes dans les deux chambres. Ne conviendrait-il
« pas d'y laisser quelques fauteuils ? »

Pas de dames, comme il y va mon cousin, se dit le Président, et aussitôt d'écrire :

« Faire ôter le lit où couche mon domestique et disposer
« cette chambre pour servir de garde-de-robe pour les fem-
« mes en y plaçant chaises percées, pots de chambres, etc.;
« fermer la porte qui sert de dégagement pour aller aux cui-
« sines et à la tour, afin qu'elles n'y soient pas interrom-
« pues par quelque curieux. »

Entre autres qualités, M. le Premier a l'expression
juste.

SOUPER

« Les tables dans l'appartement sur la rue, et au nombre
« de trois.

« Une dans l'antichambre, une dans la salle, porter ces
« deux là si faire se peut à 30 couverts chacune ; une 3ᵉ
« dans la chambre à coucher de 18 ou 20 couverts pour les
« hommes, si le nombre des dames n'oblige pas à y en
« placer aussi.

« Mesurer l'espace afin de s'assurer du nombre de places
« possible et s'assurer si l'on a des tables qui puissent con-
« venir, ou sçavoir où les avoir.

« Louer les verres, assiettes, etc.

« Le souper en ambigu.

« Les jeus et les autres précautions proposées pour amuser.

« Le vin. Essaïer de faire transvaser de celui qui file
« pour lui ôter ce désagrément.

« Mettre sur chaque flanc de table trois bouteilles alterna-
« tivement de vin de Bourgogne et de Champagne et deux
« de vin de Mulsaux seulement aux deux bouts.

« Une demie heures après que l'on sera à table, y placer
« 4 bouteilles de vin de Champagne gris.

« Après une heure et demie de table apporter du vin de
« liqueurs en 4 endroits de chaque table : et aussitôt des
« liqueurs. Si l'on met des glaces, il faut qu'elle soient en
« fromage, quoique cela exigera beaucoup d'assiettes.

« Emprunter le moins que faire se pourra à l'exception
« de l'argenterie et des choses qui se reconnoissent aisé-
« ment, surtout point de porcelaines et choses casuelles.

« Avoir dans la chambre à coucher et cabinet des culiè-
« res, fourchettes, verres, assiettes, pain et vin pour ceux
« ne pouvant être assis.

« Pendant le souper, quelqu'un qui veille sur l'aparte-
« ment sur la cour où il faudra que les violons soupent avec
« décence et propreté. »

Un moment ébranlé, M. le Premier a repris toute sa

lucidité d'esprit et a arrêté ses dispositions aussi bien que l'eût pu faire le meilleur chef d'armée. Et, s'il a des contrariété, aura-t-il du moins une douce satisfaction, celle de voir filer son vin, son vin qui file ! Quelle excellente occasion.

Le surlendemain, autre lettre de M. de Calonne :

Le Samedi soir.

« J'apprens, mon cher cousin, que M. le Prince de Condé
« veut arriver à Lille, le 21, assez matin pour voir son
« régiment avant le diner. En conséquence, il est à présu-
« mer qu'il arrivera à Douay, le 20, vers 5 heures et assez
« tôt pour voir les régiments qui y seront, peut-être même
« y arrivera-t-il avant diner, en sorte que vraisemblable-
« ment vous n'aurès qu'un souper à lui donner, le 20, à
« moins qu'au lieu de diner à Cambrai il n'arrive à Douay
« pour y diner. C'est ce que je saurai plus précisément
« avant peu et je vous en informerai. Je vous embrasse,
« cher cousin, et vous prie d'être bien convaincu du tendre
« et immuable attachement de votre serviteur.

« DE CALONNE.

« J'aurai encore à recevoir le Prince à Arras, le 27. »

Le Prince dinera à Douai, mais, pour le souper, il ne faudra pas inviter de dames. L'intendant y tient, c'est qu'il ignore les précautions galantes prises par son cousin, sans cela....

16 Juillet 1782.

« Il est vrai, cher cousin, que M. le Prince de Condé
« arrivera à Douay, le 20, avant diner. Si M. de Cossé lui

« donne ce jour là un diner militaire comme fera M. de
« Mirepoix, le jour de son arrivée à Lille, vous n'aurès
« que le souper auquel il me semble que vous inviterès
« seulement les chefs des régiments et de l'état-major, avec
« deux ou trois membres de votre compagnie, tels que les
« députés qui auront harangué le Prince. Adieu, cher cou-
« sin, je pars pour Aubers, étant un peu inquiet de la santé
« de mon père qui est dérangée.
« A Lille, ce 16, à 5 heures du matin. »

Jusqu'ici M. de Pollinchove n'a pas encore reçu de com-
munication officielle du voyage du Prince de Condé. Elle
lui arrive le 18 juillet, accompagnée de la liste de la suite
du Prince et de l'itinéraire du voyage :

l'aris, le 17 Juillet 1782.

« Monsieur,

« Mgr le Prince de Condé accepte avec plaisir l'offre que
« vous avès bien voulu Luy faire par M. l'Intendant, et
« j'ay l'honneur de vous envoyer la liste de sa suitte.
« Je suis très-flatté, Monsieur, que cette circonstance
« me mette à portée d'avoir l'honneur de vous voir et de
« vous renouveller l'assurance des sentimens d'attachement
« et du respect avec lequel je suis, Monsieur, votre très-
« humble et très-obéissant serviteur.

LASCOUR.

Liste de la suitte de Mgr le Prince de Condé

« M. le comte de Choiseul, capitaine des gardes.
« M. le chevalier de Mintier, écuyer.

« M. le comte d'Auteuil, gentilhomme de sa Chambre.

« M. le comte de Rabodanges.

« M. de Lascours.

———

« Un page.

« Un valet de chambre du Prince.

« Un valet de chambre de M. de Choiseul.

« Un cuisinier.

« Deux valets de pied.

« Un postillon.

« Quatre laquais.

———

Itinéraire du Prince

« Le 19 juillet, de Chantilly à Cambrai.

« Le 20, à Douay.

« Le 21 et 22, à Lille.

« Le 23, à Dunkerque.

« Le 24, à Calais.

« Le 25, à St-Omer.

« Le 26, à Arras.

« Le 27, à Paris. »

Et ce bon cousin qui ne répond pas. M. de Pollinchove lui a demandé des renseignements ; il est dans l'embarras le plus profond. Dans deux jours le Prince sera à Douai, et si tout n'est pas prêt ! Il faut absolument que M. de Calonne arrive au moins la veille, on a tant de choses à réclamer de lui.

« A M. de Calonne,

« Lui parler du cérémonial pour la compagnie.

« Comment la députation se retire ?

« Jusqu'où la queue doit être portée ?

« Si je dois lui présenter les membres de la compagnie.

« S'il faut avoir des voitures ?

« Si j'accompagnerai le Prince dans ses courses ?

« Si je mettrai la simarre et quand ?

« Si je puis lui présenter des placets ?

« S'il faut que quelqu'un annonce les corps ou si c'est moi qui le doit (sic) prévenir. »

Enfin un courrier apporte une bienheureuse missive : elle est du comte de Rabodanges, explique bien des choses et donne la permission d'inviter quelques dames. C'est parfait.

Paris, ce 17 Juillet, au soir.

« Je reçois dans l'instant, Monsieur, une lettre de M. de
« Calonne, qui me demande des éclaircissements relatifs au
« passage par Douay de S. A. S. Mgr le Prince de Condé,
« pour vous les faire passer. En vous rendant ce compte
« directement, c'est tout au plus s'il vous parvient à tems,
« ainsi, trouvez bon, Monsieur, que j'aye l'honneur de vous
« répondre, comme si vous m'eussiez adressé ces questions.
« Le Prince arrivera le 20, à Douay, vers onze heures
« du matin, il ira d'abord chez vous, Monsieur, profitant
« de l'offre de logement qu'il m'a dit avoir reçu de votre
« part. (Je pense que vous devez recevoir de M. le Garde
« des sceaux l'avis de son passage. (Si l'heure le permet,
« le Prince ira visiter la Fonderie vers midy et demi, puis
« diner chez M. de Cossé, dont il verra le régiment après
« diner, ainsi que le reste de la garnizon, ce qui l'occupera
« jusqu'au soir.

« M. de Calonne me mande que vous désirez d'offrir à sou-
« per à M. le Prince de Condé, et de savoir les personnes
« que vous pouvez inviter. Je sais que M. de Cossé lui a éga-
« lement offert à souper, ainsi, il faut vous arranger, à cet
« égard, avec lui ; mais je puis vous assurer, Monsieur, au
« nom de M. le Prince de Condé, qu'il acceptera avec em-
« pressement de souper chez vous, avec les membres du
« Parlement que vous jugerez à propos d'inviter ; quant aux
« dames des officiers de votre compagnie, vous pouvez éga-
« lement en inviter, si vous le jugez à propos, mais qu'il
« me soit permis de vous ajouter que vous ne devez vous
« gêner aucunement à cet égard, le désir de S. A. S. étant
« de causer le moins d'embarras possible aux lieux de son
« passage.

« Il partira le 21, vers 8 heures du matin pour Lille.

« J'ai l'honneur de vous écrire un peu à la hâte, j'ai le
« désir de remplir, en éclaircissements, tout ce qui peut
« vous être agréable. En me rappelant les honnetetés que
« j'ai reçues à Douay, particulièrement des principaux mem-
« bres du Parlement, je ne puis effacer de ma mémoire la
« commission fâcheuse dont je fus chargé alors ; obligé par
« état de l'exécuter, Messieurs du Parlement virent mes re-
« grets, et ma sollicitude de n'avoir pas assès de tems, pour
« les leur exprimer autant que je l'aurois désiré. J'eus
« même la satisfaction de recevoir de la pluspart l'assu-
« rance qu'ils avoient justement interprêté mes sentiments,
« qui ne pouvoient pas être équivoques, dans cette malheu-
« reuse circonstance.

« Je suis avec un respectueux attachement, Monsieur,
« votre très humble et très obéissant serviteur.

« LE COMTE DE RABODANGES. »

Jeudi matin, à 11 heures.

« Prévoyant, Monsieur, que ma lettre vous arriveroit
« trop tard par la poste, j'ai proposé à l'intendant de M. de
« Calonne de vous dépêcher un courrier, il vous envoye
« un des gens de M. de Flesselles, ami de son maître.

« Vous voudrez bien faire passer la lettre cy jointe à
« M. de Calonne par la première occasion pour Lille. »

La joie du galant Président ne fut pas de longue durée.
Arriva bientôt une lettre du cousin de Calonne, lettre si at-
tendue, mais qui contenait une phrase désespérante : pas
de dames ! Et la porte de dégagement qui va de la garde-
robe aux cuisines qui vient d'être fermée !

Ce 18 Juillet.

« J'irai samedi matin vous voir de très bonne heure,
« cher cousin, et passerai, à ce que j'espère, la première
« journée avec vous. M. le Prince de Condé qui ira diner
« chez M. de Cossé à six personnes a sa suitte. Vous ne
« pourrès pas les loger tous, mais il faut tâcher de loger
« M. de Rabodange qui est son capitaine des gardes, et
« M. de Lascours, secrétaire du colonel général, il convient
« que le 1er soit de plein pied avec le Prince. Vous mettrés
« l'autre en haut où vous voudrés. M. de Robeq arrivera
« aussi à Douay samedi et il a accepté un logement chez
« mon père où je le recevrai. Je vous prie de faire dire
« qu'on y tienne les appartemens prêts pour samedi matin.
« Au besoin je pourrai encore y loger une ou deux person-
« nes de la suitte du Prince, et même entre votre maison
« et celle de mon père qui sera vacante nous pourrions

« loger tout le monde, surtout si au lieu de prendre le lit
« cramoisi qu'il vous a offert et qui est bien à votre dispo-
« sition, vous en trouviés facilement un autre à emprunter.
« Vous ferés ce que vous jugerés le plus convenable et le
« plus commode pour vous. M. de Robeq passe à Douay ce
« matin, et se chargera de cette lettre. On ne prira nulle
« part aucune femme. J'imagine que le Prince trouvera
« bon que vous fassiés souper avec lui les députés de votre
« compagnie qui l'auront harangué. Je crois qu'il faudra
« le lui faire demander par M. de Rabodange à qui nous
« en parlerons. Adieu, cher cousin, jusqu'à samedi. »

Le lendemain, autre lettre. Maudit cousin, on comptait
sur lui pour la veille du grand jour et il ne pourra arriver
que le matin même, mais quel correctif agréable, inespéré
est glissé dans la lettre. Le Président est maintenant dans
l'obligation d'inviter des dames, il ne peut faire autrement.
Décidément M. de Calonne est un drôle de cousin.

Le 19 Juillet 1782.

« Je ne pourrai pas, cher cousin, arriver ce soir à Douay:
« mais j'y serai demain avant 9 heures par conséquent plus
« de 2 heures avant le Prince. Les lettres que M. de Ra-
« bodange nous a envoyées par un courier ne laissent plus
« aucun doute. Puisque vous logés 5 personnes, c'est tout,
« car je vois par la lettre de M. de Rabodange qu'il ne
« fera que passer samedi à Douay et qu'il viendra coucher
« le même jour à Lille. Je crois que vous ne pouvés pas
« vous dispenser de prier à souper Mme de Cossé et Mme sa
« mère ; vous n'aurés que Mme de Villedieu à y ajouter et
« elle n'y viendra pas à ce qu'elle m'a dit. Il ne paroîtra

« pas ou ne devra pas paroître extraordinaire que vous ayés
« seulement à souper deux dames de la connoissance du
« Prince et chez qui il aura dîné ce jour-là. C'est une ex-
« ception très naturelle et même forcée.

« Adieu, cher cousin, M. de Lévi viendra le 20, d'Arras
« à Douay au devant du Prince. Mais je crois qu'il retour-
« nera le même jour à Arras. En tout cas je le logerai chez
« mon père ainsi que M. de Robeq. Je vous embrasse et
« proffite d'une occasion. A demain. »

Enfin le grand jour est arrivé. Tout marche à souhait,
sauf une petite alerte dans l'après-midi. On réclame des
voitures pour les généraux.

« Monsieur le Premier Président est prié de la part de
« Monsieur le Prince de Robeq d'envoyer une ou deux ber-
« lines à la barrière pour le retour des généraux.
« Son très-respectueux serviteur.

« CAPPUIS, ayde-major.

« 20 juillet. »

Mais ce n'est rien. Le souper est prêt, de taille à con-
tenter les plus difficiles. Que vous voilà loin des croquettes,
des filets de bœuf, des saumons avec toutes sortes de sauces,
en *aise*, et des autres petits plats sans lesquels il n'y a plus
de dîner de cérémonie.

MENU DE LA GRANDE TABLE

PLATS DE BOUTS

1. Un quartier de mouton d'Ardennes.
2. Une carpe à la Chambord.

ENTRÉES.—GRAS

1. Une noix de veau à l'oseille.
2. Un aspic de cerveilles de moutons.
3. Canard aux navets.
4. Une poularde à l'aspic chaude.
5. Caneton au verd-pré.
6. Une de fillets de poularde à la chicoré au blanc.
7. Cottelettes de pigeons grillés.

ENTRÉES.—MAIGRE

1. Une de perches au beur d'écrevisses.
2. Une anguille à l'italienne.
3. Fillets de solles à la provençale.
4. Une de truites à la pluche.
5. Petits pâtés.
6. Croquette.
7. Morue à la Benjamine.

SECOND SERVICE

RÔTI : 4 PLATS

1. Dindonneau.
2. Perdreaux.
3. Solles.
4. Esturgeon.

ENTRÉES.—MAIGRÉ (lisez : ENTREMETS)

1. Casque d'amandes.
2. Gatteau glacé,
3. Goffres à l'italienne.
4. Œufs au caffé.

LÉGUMES

1. Haricots verds.
2. Petits pois.
3. Artichauds à l'italienne.
4. Choux-fleurs.

GROSSES PIÈCES

1. Turbo.
2. Ecrevisses.
3. Une cascade.
4. Un biscuit de Savoie.

MENU DE LA PETITE TABLE

PLATS DE BOUTS

1. Quartier de mouton d'Ardennes.
2. Une longe de veau.

ENTRÉES.—GRAS

1. Un fillet de mouton d'Ardennes.
2. Une poularde au consommé.
3. Une de culottes de pigeons à la minutte.
4. Une d'aillerons de poulardes.

ENTRÉES.—MAIGRE

1. Un potage d'anguilles.
2. Une de perches au beur d'écrevisses.
3. Truite à la pluche.
4. Croquette.

SECOND SERVICE

RÔTI : 2 PLATS

1. Dindonneau.
2. Esturgeon.

ENTREMÉ

1. Rasette d'amandes.
2. Gateau glacé.
3. Goffrettes à l'italienne.
4. Blanc manger.

LÉGUMES

1. Haricots verds.
2. Choux-fleurs.
3. Artichauds.
4. Petits pois.

GROSSES PIÈCES

1. Ecrevisses.
2. Truite.

Tout à bien marché. Le Prince a quitté Douai à l'heure dite. Il est parti !

Le Président n'en veut pas à son cher cousin de Calonne ; sans lui, il ne serait pas venu à bout de cette réception.

Il songe qu'il a eu là une superbe occasion de lui faire
sa cour et d'avancer ses affaires ; décidément il faut le soi-
gner. Vite, des pêches, pour le diner que cet excellent
cousin offre au Prince, à Dunkerque. M. le Premier en est
aussitôt remercié.

A Lille, le 22 Juillet 1782.

« Je vous suis très obligé, cher cousin, et très sensible
« à touttes vos attentions, vos pêches me font grand plaisir.
« Je fais comme vous, j'en diffère l'examen, et l'ouverture
« de la boîte qui les renferme ne se fera qu'à Dunkerque.
« L'abbé de Marchiennes m'a envoyé des melons, et ma
« sœur des cerises, ainsi que des perdreaux, en sorte que
« je ne manque de rien. Le Prince a été très content de sa
« réception à Douay et m'a parlé de vous dans les meilleurs
« termes, c'est-à-dire en vous rendant toute la justice qui
« vous est due.

« Je crois que votre Procureur Général se sera apperçu
« du peu d'accueil que je lui ai fait, quoiqu'il n'ait pas été
« à s'en plaindre. Je me suis seulement tenu fort en ré-
« serve et n'ai nullement cherché les occasions d'entrer en
« conversation avec lui. J'ai trop de sujet d'en être mécon-
« tent pour qu'il me fut possible d'en user autrement. Il
« peut bien dire que cela lui est égal ; et je dirois de
« même sur ses petites trigauderies dont je ne veux pas
« même me souvenir. Vous vous moqués, cher cousin, de
« vouloir savoir ce qu'il m'en a coûté pour le courier que
« M. de Rabodanges m'a envoyé ; c'est ma lettre qui l'a
« occasionné, et il ne regarde que moi.

« Le Prince nous a tenu au soleil depuis ce matin. Les
« trouppes surtout ont dû beaucoup souffrir de la chaleur.

» Elle a été telle que moi-même, je m'en suis aperçu et ai
« regretté d'avoir conservé le gillet ouatté.

« Je croiois que M. de Rabodange vous auroit marqué
« comme à moi que parmi les commissaires des guerres, il
« n'y avoit que l'ordonnateur qui pût manger avec S. A.
« M. de Cossé ayant eu à diner M. de Margençie, il étoit
« tout simple qu'il soupat chez vous, et l'y voyant je n'ai
« eu garde de relever l'observation qu'on m'avoit faitte ;
« mais comme il s'est beaucoup mis en avant, le Prince
« m'a demandé s'il était ordonnateur, je lui ai repondu
« que non. Il a dit ensuite à M. de Rabodange : « Il y avoit
« là un simple commissaire des guerres qui s'étoit fourré
« dans la compagnie assez mal à propos ». Ceci soit dit
« entre nous, cher cousin, et pour ne pas aller plus loin.
« Je ne vous en parle que pour que vous en gardiés le
« souvenir en cas d'occasion semblable. Adieu, je vais re-
« joindre le Prince à la manœuvre et aller de là à la Co-
« médie où l'on nous donne Iphigénie en Tauride, sans
« pitié pour les oreilles musiciennes. »

1783

Paris, le 5 Juin 1783.

« Je m'informe, mon cher cousin, de tout ce qui con-
« cerne la marche de Mgr le prince de Condé et son séjour
« à Douay pour que vous sachiés d'avance tout ce que vous
« aurés à faire. Je viens d'apprendre que leurs Altesses,
« (vous savés que M. le duc de Bourbon l'accompagne),
« souperont le 20 chez M. le duc d'Havré. Il comptoit leur
« donner à diner et vous laisser le souper. Il m'a consulté
« sur ce qui vous conviendroit davantage. J'ai considéré que,
« descendant chez vous et y recevant les visittes du Parle-
« ment, il étoit naturel qu'il y dinat, et que d'ailleurs le
« souper vous seroit plus incommode, d'abord parcequ'il
« vous feroit coucher tard, ensuite parceque vos deux ap-
« partemens étant occupés, il est embarrassant d'avoir à
« faire le déblai du souper dans les chambres qui précèdent.
« Je suis convenu avec M. le duc d'Havré, à qui le Prince
« avoit promis de manger chez lui, que vous auriés le diné
« et que vous lui laisseriez le souper. J'espère que j'aurai
« deviné ce qui vous plaira le plus. Au reste, mon cher
« cousin, nous nous verrons le 18 de bonne heure, je
« compte arriver ce jour là pour diner et même diner avec
« vous, si vous voulés me donner un poulet sans façon et
« sans monde prié, pour que nous puissions causer à notre

« aise. Je compte arriver vers une heure, et je me réjouis
« d'avance de vous embrasser avec toute la tendresse que
« je vous ai vouée pour la vie. »

M. de Pollinchove accepte sans murmurer cette nouvelle
disposition de son cousin de Calonne. Il recevra les Princes et leur offrira un diner. L'année dernière, il était plus
commode pour le Président d'offrir seulement.à souper,
cette année, c'est le diner qui présente moins d'embarras.
Le cousin doit avoir raison, et on le remercie de ce qu'il a
décidé.

« Je vous suis très obligé, mon cher cousin, d'avoir ar-
« rangé avec M. le duc d'Havré que j'aurai le diner ; qui
« évitera l'embarras du déblai des apartemens pour le mo-
« ment où les Princes auroient voulu se retirer. Mais vous
« en allégués pour motif les visites du Parlement. »

Le Président est aguerri. Il connaît maintenant tous les
les préparatifs nécessaires à cette réception, aussi ses notes
sont elles fortement réduites.

« Aurai-je des dames ?
« Le Commissaire ?
« Les Princes se tiendront-ils ensemble ?
« Les Pages ?
« Comment former le logement ? »

Cependant en bon fonctionnaire, un point le chagrine :
les Chambres sont en vacances, oh ! toutes petites vacances.
Il reviendra tout exprès pour recevoir l'honneur qu'il n'a
eu garde de solliciter.

« J'aprens, mon cher cousin, que l'arrivée de M. le
« prince de Condé avec M. le duc de Bourbon ici est cer-
« taine pour le 20 de ce mois. Quoiqu'on (sic) nous serons
« encore en vacances dans ce moment je me propose de reve-
« nir et je décide de recevoir le même honneur qu'il m'a
« fait l'année dernière de le loger et de prendre un de ses
« repas chez moi. Quant à la possibilite de loger les deux
« princes vous connaissés le local, et que rien ne s'oppose
« que je puisse les avoir tous deux. Si M. le duc de Bour-
« bon n'avoit personne de sa maison avec lui, et que M. le
« prince de Condé n'avoit avec lui que les mêmes personnes
« qui le suivoient l'année (derniére), scavoir : M. le vi-
« comte de Choiseul, M. de Mintiez, M. d'Auteuil et M. de
« Lascours. Je mettrai le Prince de Condé où il a couché
« déjà... »

Des vacances, à la Pentecôte ! On vous en donnera, M. le
premier. Mais le rusé cousin glissera la chose après avoir
donné satisfaction au président et l'avoir rassuré sur la
question des lits. Le fameux lit cramoisi ne pourra plus
être prêté, sa présence est indispensable dans la maison du
père de l'Intendant ; on va recevoir tant de monde ! On lui
en promet un autre qu'il achètera, mais à bon compte.

A Versailles, le 9 juin 1783.

« M. le prince de Robeq est présentement à Dunkerque,
« cher cousin ; ainsi la lettre que vous m'aviés chargé de
« lui rémettre ne peut être d'aucune utilité. Mais vous
« n'avés besoin d'aucune démarche. M. le prince de Condé
« compte diner chez vous le 20 et y loger ainsi que M. le

« duc de Bourbon. On prendra les arrangements pour la
« suitte. La maison de mon père étant vuide, sauf que j'y
« logerai avec M. le prince de Robeq on pourra y placer
« quelques personnes de la suitte. Si vous pouviés vous
« passer du lit cramoisi, ce seroit une facilité de plus. Vous
« verrés ce qui vous conviendra et tout s'arrangera facile-
« ment. Nous vous chercherons un lit ici soit celui que
« vous aviez vû soit un autre aussi beau et moins chere.
« J'en ai chargé mon valet de chambre tapissier, et j'y ver-
« rai moi-même. Vous l'aurés avant l'arrivée des princes.
« Votre lit verd n'est pas du tout malhonnête et peut servir.
« Je vous ai marqué qu'il m'avoit paru préférable que vous
« eussiez le diner et je vois que je me suis rencontré avec
« votre façon de penser. Du reste je verrai M. le prince
« de Condé à Chantilly le 17 et je lui ferai l'invitation en
« votre nom. Nous nous verrons le 18. Je suis incertain sur
« la députation du parlement. Il n'est pas douteux qu'elle
« plairoit aux princes, et M. le prince de Condé conduisant
« M. le duc de Bourbon pour lui faire voir le royaume sera
« encore plus jaloux des honneurs en cette circonstance
« qu'en toute autre. Il s'attend que le parlement lui rendra
« ceux qui lui sont dûs, et comme les vacances de Pente-
« coste, avec leurs prolongements surtout, ne sont pas des
« vacances légales comme celles du mois de septembre, il
« me semble que le parlement qui n'est pas censé devoir
« être absent ne peut guère se dispenser de rendre hom-
« mage à deux princes du sang qui viennent avec intention
« de le recevoir. J'opinerois en conséquence pour la dépu-
« tation. Il sera aisé de faire en sorte que le petit discours
« soit bien. Vous pourriés engager M. Malotau à vous le
« montrer d'avance ; nous en causerons le 18. Si votre

« compagnie incline à faire cette démarche je vous con-
« seille d'y donner les mains. Adieu, cher cousin, je suis
« pressé, je vous embrasse tendrement. Je me charge de
« tout pour vos invitations, je m'en suis même chargé aussi
« pour le Prince de Robeq qui n'a rien fait. Il sera le 18
« à Douáy.

« Le Roi a fait hier 22 cordons bleus, en voici les noms :
« MM. le duc de Lavauguion, le duc de Bethune Sulli, le
« duc de Chabot, le duc de Guines, le chevalier de Crussol,
« de Montesquieu, de Clermont d'Ambroise, ambassadeur,
« de Montmorin, de Guiches, de Rochambeau, de Bouillé,
« de Vaudreuil, grand fauconnier, de Tavannes, de Damas,
« d'Ecquevilli, de la Salle, commandant en Alsace, d'Este-
« razi, d'Escars, 1er maître d'hôtel, le marquis de Jaucourt,
« d'Affri, colonel des gardes-suisses, de Laugeron, comman-
« dant en Bretagne, (Vintimille, *ajouté*). »

M. de Polinchove ne veut pas être pris au dépouvu. Il a
déjà installé chez lui le lit cramoisi du cousin et le gardera
jusqu'à l'arrivée du remplaçant.

« Le lit cramoisi de M. vostre père, mon cher cousin,
« étoit placé déjà ici lorsque j'ai eu vostre lettre de ce ma-
« tin ; nous verrons à en réintégrer un, si cela est néces-
« saire. Je garde toujours celui placé, indépendamment de
« celui que vous m'annoncés. Il ne reste pas trop de tems
« pour qu'il arrive. Un roulier mettra cinq à six jours en
« chemin, il faut en trouver un prêt à partir, et le lit
« n'étoit pas trouvé le 9. »

Cependant arrive l'annonce officielle du voyage de LL. AA. ;
c'est le secrétaire, M. de Lascours, qui l'envoie.

A Paris, le 9 juin 1783.

« Monsieur,

« Quoique vous soyés peut-être déjà prévenu de l'arrivée
« de MMgrs le prince de Condé et du duc de Bourbon, le
« 20 de ce mois, à Douay, je m'empresse avec d'auttant
« plus de plaisir, Monsieur, de vous l'annoncer que c'est
« une nouvelle occasion bien flateuse pour moy de vous
« présenter l'hommage de mes sentiments et du respect
« avec lequel je suis, Monsieur, votre très humble et très
« obéissant serviteur.

« LASCOURS. »

Et le Président d'y répondre :

« Monsieur,

« J'ai appris avec un bien grand plaisir que l'arrivée de
« Mgr le prince de Condé avec Mgr le duc de Bourbon dans
« cette ville va me procurer l'honneur de vous revoir et de
« cultiver les avantages de notre ancienne connaissance
« dont le souvenir me sera toujours infiniment prétieux. Je
« suis comblé de la grâce que veulent bien me faire Leurs
« Altesses de prendre leur logement chés moi et de me
« permettre de leur offrir un des repas qu'elles prendront
« dans leur séjour. Je scais qu'elles arriveront vers les 11
« heures, dîneront chez moi et souperont chez M. le Duc
« d'Havré, et j'ai un extrait concernant cette ville de leur
« itinéraire. Mais je vous prirai, Monsieur, du nombre de
« personnes qui seront du voyage, et s'il y en à qui ac-
« compagneront, afin que je puisse préparer le plus à por-
« tée que faire se pourra des logements à celles qui accom-
« pagneront particulièrement Mgr le prince de Bourbon. »

La question du lit, ou plutôt des lits, est tranchée. On a trouvé une occasion admirable. La dépense dépassera peut-être un peu les prévisions du président, mais ils sont si beaux, et la lettre est si adroite.

Le 13 Juin.

« Je vous ai constitué en dépense, mon cher cousin, mais
« je suis sûr que quand vous aurés vû les objets vous en
« serés content, quoiqu'il en résulte peut être que j'ai outre-
« passé vos premières vues. J'ai considéré qu'il vous falloit
« un beau lit pour les passages auxquels votre état vous
« expose. Celui dont Magnié vous avoit parlé est un lit de
« de damas jaune très-frais et très-honnête ; mais qui n'au-
« roit pas rempli votre objet, 1° par la couleur qui ne va
« pas avec une tâpisserie d'hautelisse ; 2° parcequ'il n'étoit
« pas assez grand ny assez marquant pour un lit de repré-
« sentation. J'en ai trouvé un superbe que vous aurés pour
« moitié de ce qu'il a couté et qui est comme neuf. J'ai
« fait faire un couché tout neuf, et vous aurés aussi des
« fauteuils assortis dont les bois sont dorés comme ceux du
« lit, qui meubleront parfaitement, que vous destinés à
« M. le prince de Condé. Ne vous effrayés pas du prix ; il
« n'est pas beaucoup plus considérable que ce que vous
« vouliés bien y mettre. Je vous ai acheté un second lit
« aussi de damas cramoisi pour mettre au lieu de celui de
« damas vert. Il est très frais et sera infiniment moins
« cher que l'autre. Par ce moyen vous serés meublé com-
« plètement, et j'ai pris des mesures pour que le tout vous
« arrive le 18 ou le 19 matin au plus tard. Je vous dirai
« les prix, et je vous annonce d'avance que vous ne les
« trouverés pas excessifs. J'ai fait pour le mieux et en me

« mettant à votre place. Adieu, cher cousin, je compte tou-
« jours vous voir le 18. Si je n'arrivois pas ce jour là,
« j'arriverois surement le 19 au matin : mais il faudroit
« des obstacles imprévus pour m'empêcher d'arriver le 18. »

Arrive en même temps une lettre de M. de Lascour ren-
fermant la liste des personnes qui accompagneront les
Princes :

A Paris, le 13 Juin 1783.

« Monsieur,

« Quand j'ay eu l'honneur de vous annoncer le passage
« des Princes à Douay, je ne scavois pas encore précisé-
« ment les personnes que LL. AA. auroient avec Elles et
« leur suitte. J'ay celuy de vous en envoyer cy joint la
« liste.

« On ne peut ajoutter, Monsieur, à la manière dont vous
« avez avés reçu l'année dernière Mgr le prince de Condé
« et S. A. S. en a été aussi reconnoissante que satisfaite.

« Très sensible, Monsieur, aux nouveaux témoignages
« que vous voulés bien me donner de vos bontés, je vois
« naître avec le plus grand plaisir l'occasion de vous pré-
« senter l'hommage empressé de mon attachement et du
« respect avec lequel je suis, Monsieur, votre très humble
« et très obéissant serviteur.

« LASCOURS. »

Liste des personnes qui doivent suivre les Princes dans leur tournée :

MM. le Marquis d'Autichamp, maréchal de camp, premier écuyer. (M. P. P.)

Le Comte de Choiseul, maréchal de camp, capitaine des gardes de Mgr le prince de Condé. (M. P. P.)

Le Comte de Puységur, lieutenant-général, premier gentilhomme. (M. P. P.)

Le Marquis de Vibraye, maréchal de camp, capitaine des gardes de Mgr le duc de Bourbon. (M. P.)

Le Marquis de Bouzols, maréchal de camp. (M. le Président Malotau).

Le Comte de Rabodanges, maréchal de camp.

Le Chevalier de Minter, écuyer. (M. P. P.)

De Contye, gentilhomme de Mgr le duc de Bourbon. (M^{de} de Bakem).

De Lascours, secrétaire général. (M. P. P.)

Peut-être M. le Prince de Robeq et M. l'Intendant.

2 pages.

2 valets de chambre.

1 cuisinier.

4 valets de pied.

1 postillon.

1 laquais ou valet de chambre à chacun de ceux qui suivent les princes.

Le lendemain, nouvelle lettre de M. de Calonne, jetant bas la légende des vacances de Pentecôte, réglant la question des dames, le nombre de tables, etc.

Paris, le 14 Juin 1783.

« Je vous ai déjà marqué, mon cher cousin, les raisons
« qui me font penser qu'il convienne que le parlement
« rende des honneurs à M. le prince de Condé et à M. le
« duc de Bourbon qui s'y attendent et qui ne seroient pas
« contens de ne pas les avoir. Les vacances de Pentecôte
« ne sont point de vraies vacances, ce n'est qu'une prolon-
« gation des fêtes. On ne reconnoit en France comme va-
« cances autorisées que celles du mois d'aoust et septembre
« pour lesquelles dans les autres parlements il y a établis-
« sement de chambre de vacation par lettres-patentes. Au
« surplus puisque vous avés écris à M. le garde des sceaux,
« sa réponse vous servira de règle. Il n'y a pas de doute
« que M. le duc de Bourbon logera chés vous, ainsi que
« M. le prince de Condé, il ne seroit pas naturel de les
« séparer.

« Je vous ai marqué que vous auriés des lits, ils vous
« arriverons surement le 19 au matin, ce qui sera suffisant.
« Je crois que vous avés raison de ne pas prier des dames
« et qu'une quarantaine de couverts pourront suffire, ce
« qui fera deux tables. Cependant comme il y a les officiers
« de la garde à qui il est d'usage de donner à diner, il se-
« roit mieux d'en avoir encore une troisième de 10 à 12
« couverts.

« Vous connoissés mon cher cousin, les sentiments avec
« lesquels je vous embrasse de tout mon cœur.

« DE CALONNE. »

« Le Duc d'Havré a l'honneur de marquer ses regrets à
« Monsieur le Premier Président de n'avoir pu avoir celui
« de se rendre hier chez lui à son assemblée ayant été

« chez M. le marquis de Traisnel. Il compte voir aujour-
« d'hui M. le comte de Rabodanges et prendre de lui tous
« les renseignements sur les invitations et la manière de
« recevoir M. le prince de Condé. Dès qu'il les aura eu
« il en fera part sur le champ à Monsieur le premier pré-
« sident. Le duc d'Havré espère que dès qu'il n'est pas à
« la campagne il lui fera l'honneur de diner demain mardi
« chez lui, et il a celui de le remercier de la lettre qu'il a
« bien voulu lui faire tenir hier.

« Ce lundi matiin, 16 juin 1783. »

Des lits, aussi beaux qu'ils puissent être, ne peuvent
constituer un menu de diner de cérémonie. Il n'est pas
facile de se procurer toutes les victuailles nécessaires, d'autant plus que le 20 tombe un vendredi ; il faudra des plats
gras et maigres. Aussi M. de Polinchove s'adresse-t-il un
peu partout, à ses amis, à ses obligés, et envoie la lettre
circulaire ainsi conçue :

« Monsieur,

« Leurs Altesses Sérénissimes Mgr le prince de Condé et
« M. le duc de Bourbon me font la grâce de prendre leur
« logement chez moi et de me permettre de leur offrir un
« des repas qu'elles prendront dans leur séjour ici, où
« Elles arrivent le 20 pour diner. Dans cette circonstance
« j'ai recours à votre amitié, et prens la confiance de vous
« prier de me procurer ce que vous pourriés avoir de rare
« en primeur, ou d'une qualité. »

Les réponses ne tardent pas à arriver ; les unes favo-
rables, les autres un peu décevantes.

« Monsieur,

« J'ai l'honneur de vous envoyer les deux truites sau-
« monnées conformément à l'avis que j'en ai reçu de M.
« Denis par sa lettre du onze du présent. Vous les recevrés,
« Monsieur, à ce que j'espère, le 18 au lieu du 19, ce que
« j'ai cru devoir faire pour tranquiliser votre maître d'hôtel,
« surtout d'après la certitude que j'ai qu'il les recevra
« en bon état, et qu'il pourra d'ailleurs les conserver
« quelques jours de plus, en les faisant mettre dans une
« glacière. Je désirerois bien volontiers, Monsieur, d'avoir
« rempli votre commission suivant vos intentions, aux-
« quelles je ferai toujours en sorte de me conformer le plus
« exactement possible, afin de continuer à mériter le préfé-
« rence que vous voulés bien m'accorder pour tout ce qui
« pourois vous faire plaisir dans ce pays.

« Agréez, je vous prie, les sentimens respectueux avec
« lesquels j'ay l'honneur d'être, Monsieur, votre très hum-
« ble et très obéissant serviteur.

« DE LIANCOURT.

« Permettez-moi, Monsieur, de vous joindre ici une petitte
« liste des choses que vous pouvés vous procurer dans ce
« pays : 1° gigots des Ardennes; 2° truites saumonnée;
« 3° chevreuils et marcassins, et dans la saison favorable
« des bécasses et écrevisses de Meuse. »

« Monsieur,

« Sachant que vous êtes dans le cas de donner à diner
« vendredy prochain à Monseigneur le prince de Condé, je
« prends la confiance de vous offrir deux couples de carpes
« que l'on trouvera, je crois, d'assez bonne qualité qu'elles

« seront jugées belles, parcequ'elles sortent de la meilleure
« eau. J'y joins deux anguilles dont la taille ne déplaira
« pas, mais celle des écrevisses n'y répond malheureuse-
« ment point comme je le voudrois. Je suis bien désolé de
« n'avoir pû en rencontrer aujourd'huy de pareilles à celles
« que j'avois les années précédentes. Vous me rendrez,
« Monsieur, la justice de croire que, si jamais j'en ai dési-
« rées de la première distinction, ce fût bien à l'instant
« que j'apris la fête que vous allez donner au Prince. Dai-
« gnez, je vous supplie, agréer ma bonne volonté ainsi que
« le profond respect avec lequel je suis, Monsieur, votre
« très humble et très obéissant serviteur.

« M., ABBÉ DE SAINT-ANDRÉ.

« Catteau, 17 juin 1783. »

———

« Monsieur,

« Je suis bien fâché de ne pouvoir vous procurer les per-
« dreaux que vous désirés, les nids pour la plupart ont été
« abandonnez par les orages qu'il a fait icy qui ont fait
« culbuter les trèfles et bleds qui même ont fait tourner
« les œufs, ce qui me fait croire qu'ils seront rares cette
« campagne. Je contois pouvoir en trouver à deux villages
« chez des paysans qui ordinairement font couvrir des œufs
« de faisans et perdrix dont ils font commerce, le Maire
« que j'y ay envoyé m'a fait réponse que ces personnes
« n'avoient réussies et que tous les œufs qu'il avoient fait
« couvrir par leurs poulles s'étoient trouvés tournez par
« les orages qu'il avoit fait. Soyés persuadé, Monsieur, que
« si j'en avois pû découvrir quelque part que je n'aurois
« peint manqué de vous les envoyer pour le jour indiqué.

« J'ay l'honneur d'être, avec un profond respect, Mon-
« sieur, votre très humble et très obéissant serviteur,

« BAUDECHON.

« Tournay, le 17 juin 1783. »

———

« Monsieur,

« Il ne s'est jamais présenté pour moy et pour ma mai-
« son d'occasion plus favorable pour être util que celle que
« vous m'avez fait l'honneur de m'offrir par votre lettre du
« 10 courant. J'aurois bien désiré que nos jardins fussent
« distingués de tous ceux de la province pour vous en
« offrir tout ce qui auroit pû être agréable au Prince et à
« vous, Monsieur ; mais habitant une vallée refroidie par
« les eaux et les bois qui l'entourent, nous n'avons qu'un
« mois plus tard que les autres nos légumes et nos fruits :
« n'ayant rien à vous offrir dans ce genre, j'ai fait pêcher
« pendant plusieurs jours pour trouver de belles truites et
« le hazard ne m'a procuré que celle que j'ai la satisfaction
« de vous offrir avec une carpe que j'ai fait choisir dans
« nos étangs : je désire qu'elles puissent vous êtes de quel-
« que utilité, et que vous vous persuadiez que je me regar-
« derai toujours fort heureux de vous être bon à quelque
« chose.

« J'ai l'honneur d'être, avec le plus profond respect,
« Monsieur, votre très humble et très obéissant serviteur,

« F.-A. PEUVION, abbé de Vaucelles.

« Vaucelles, le 18 juin 1783. »

———

« Monseigneur,

« Je suis au désespoir de ne pouvoir rien envoier à
« Votre Grandeur pour le repas qu'elle se propose de don-
« ner à Leurs Altesses Serenissimes le prince de Condé et
« le duc de Bourbon. Depuis quatre jours j'ai fait chasser
« et pêcher, pour un chevreuil et quelques poissons d'une
« qualité supérieure, mais nous n'avons point été assez
« heureux pour rencontrer la moindre pièce qui puisse,
« Monseigneur, vous être présentée. Dans nos jardins nous
« n'avons rien de primeur ni de remarquable, ce sont tous
« légumes et fruits ordinaires, tels que petits pois, fèves,
« laitues, artichauds et fraises. Nous nous ferons un vrai
« plaisir, Monseigneur, d'en adresser aujourd'hui à votre
« maître d'hôtel, si vous le souhaitez. Nous attendons au-
« paravant vos ordres à ce sujet.

« Je suis avec le plus profond respect, Monseigneur, de
« Votre Grandeur, le très humble et très obéissant servi-
« teur.

« D.-B. Lescailliez, grand prieur.

« Anchin, le 19 juin 1783. »

Comment fera-t-on les invitations, verbalement ou par
écrit ?

« M. le duc d'Havré a l'honneur de faire mille compli-
« ments à M. le premier président et de le prier de vouloir
« bien lui mander s'il envoye aujourd'hui des billets d'in-
« vitation ou s'il se détermine à prier verbalement afin de
« suivre la même marche. M. d'Havré a l'honneur de re-
« nouveller à M. le premier président, les assurances de
« son sincère attachement. »

Une lettre d'invitation adressée à M. d'Havré et conservée dans les papiers de M. de Pollinchove nous apprend qu'elles furent faites par écrit. On se servit de formules imprimées dont on n'eu qu'à remplir les blancs.

« Monsieur (de Polinchove, premier président), est prié « par M. le Duc d'Havré de lui faire l'honneur de venir « *diner* (souper) chez lui (vendredi 20 juin).   R. S. V. P. »

Des acceptations et des excuses il n'est resté que les deux suivantes :

« Le Marquis de Cossé se rendra aux ordres de Monsieur « le premier président, vendredi prochain vingt de ce « mois ; il a l'honneur de lui offrir l'homâge de son respec- « tueux attachement.
« Douay, ce 18 juin 1783. »

« M. de Habas est très-faché de ne pouvoir pas profiter de « l'honneur que Monsieur le premier président de Polinchove « a bien voulu luy faire. Il monte la garde de demain.
« Le 19 juin. »

Nous ne saurions comment se passa la cérémonie si M. de Polinchove n'eut eu le soin de garder le souvenir de cette double réception princière.

« Le 20 juin 1783, M. le prince de Condé, colonel géné- « ral de l'infanterie française, arriva vers les onze heures « avec M. le duc de Bourbon, les troupes bordant la haye, « le 1er bataillon du régiment de Flandre rangé dans la

« cour, une garde de 50 hommes du régiment de Grenoble
« artillerie, étant à la porte, je me tins sur le seuil, et dès
« que je pus apercevoir de cet endroit les princes qui vin-
« rent par la rue des Feronniers, j'avançai vers M. le
« prince de Condé que je saluai d'une inclination respec-
« tueuse et lui dis que je demandai que S. A. S. me permit
« de lui présenter mon profond respect, et me tournant
« vers Mgr le duc de Bourbon qui étoit à sa gauche je le
« saluai respectueusement. M. le Prince dès qu'il m'aperçut
« me salua, et dit avec un air de bonté et de reconnais-
« sance : « Ah ! vous voilà, je viens encore vous déranger. »
« Je répondis que j'étois bien honoré de la grâce que Leurs
« AA. me faisoient. Arrivé dans la cour, il vit le bataillon,
« entra ensuite dans l'apartement. Il me dit encore qu'il
« venoit me déranger, que nous étions en vacances. »

Et le discours pour lequel il avait fallu prendre tant de
précautions ? Il n'est pas bien compromettant. C'est ainsi
que s'exprima M. le Président Malotau qui avait été chargé
de cet honneur.

(Discours prononcé par M. Malotau)

« Au prince de Condé,

« Les noms des grands hommes furent toujours chers à
« la postérité.

« Quelle preuve plus convaincante que le souvenir, si
« précieux à la France, des héros de votre auguste famille !

« Puisse la nation, puisse notre digne monarque, qui
« nous chérit, conserver longtemps Votre Altesse Serenis-
« sime !

« Au duc de Bourbon,

« Quel moment heureux pour la Flandre de posséder
« deux illustres rejettons du grand Condé ! Un sang aussi
« pur ne peut jamais se démentir : ce beau jour nous en
« procure un double exemple. »

Malgré les multiples précautions prises, une amère décep-
tion attendait M. le premier. Au matin de cette fameuse
journée, la plus grande partie du poisson de mer fit défaut.
Le souvenir de l'infortuné maître d'hôtel, Vatel, traversa
l'esprit de M. de Pollinchove. Mais Vatel n'était pas premier président du parlement de Flandre ; aussi notre bon
Président eut-il recours à des moyens moins heroïques. Il
se précipita sur sa plume, écrivit tranquillement en marge
du menu suivant : « Une partie du poisson de mer a manqué.... ce menu a été changé. » Et il marqua d'une croix
le splats qui n'avaient pu être servis.

PREMIÈRE TABLE

—

MENU DU 20 JUIN 1783

—

Quatre potages.

RELEVÉ

1. Bouilli.
2. Quartier de mouton d'Ardennes.
3. Carpe à la Chambord.
4. Esturgeon à l'Italienne.

ENTRÉES GRASSES

1. Noix de veau glacée.
2. Une grenade.
3. Une de poulets au beur d'écrevisses.

4. Poularde au consommé.
5. Estomach de poulets au verd-pré.
6. Cuisses de poulardes en pommes.

ENTRÉES MAIGRES

1. Anguille à la Malabar.
2. Trimbale de truite.
3. Esturgeon à la ravigotte.
4. Vives à la Maintenon.
+ 5. Saumon frais à la Chivry.
6. Truite à la pluche.

SECOND SERVICE

GROSSES PIÈCES

1. Pâté.
2. Jambon.
3. Ecrevisses.
4. Truite saumonée.

RÔTI

1. Faisant.
2. Poularde.
3. Solles.
+ 4. Vives.

LÉGUMES

1. Haricots verds.
2. Choux-fleurs.
3. Artichauds.
4. Petites fèves.

ENTREMETS

1. Croquante montée.
+ 2. Turbot.
3. Caramelle au meringue.
4. Rosette d'amendes.
5. Goffrettes à l'alemande.
6. Petits pains à la duchesse.
7. Une tourte aux cerises.
8. Crème à la vanille.

DEUXIÈME TABLE

—

Quatre potages.

RELEVÉ

1. Bouilli.
2. Quartiers de mouton d'Ardennes.
3. Carpes à la Chambord.
4. Esturgeon à l'Italienne.

ENTRÉES GRASSES

1. Noix de veau glacée en puis.
2 Une grenade.
3. Une épaule de mouton d'Ardennes à la Richelieu.
4. Une de poulets à l'ivoir.
5. Un aspic en petit deuil.
6. Une poularde en consommé.

ENTRÉES MAIGRES

1. Une de fillets de solles au gratin.
2. Truite saumonée à la Malabar.
3. Esturgeon à la Mazarine.
+ 4. Vives en croustâde.
5. Boudins d'anguilles à la ravigotte.
6. Truite en pluche.

SECOND SERVICE

—

GROSSES PIÈCES

1. Pâté.
2. Jambon.
3. Ecrevisses.
+ 4. Turbot.

RÔTI

1. Faisand.   2. Poularde de grain.

RÔTI MAIGRE

3. Solles frittes.   + 4. Vives.

ENTREMETS

1. Une d'assiete d'amandes en casque.
2. Une d'assiete d'amandés en coquillage.

3. Un gâteau de biscuits décoré.
4. Une de Rocher.
5. Une de meringues en caramelle.
6. Une tourte d'entremets aux cerises.
7. Une de crème à la vanille.
8. Une de gâteau à la duchesse.

TROISIÈME TABLE

—

MENU DU 20 JUIN 1783

—

Quatre potages.

RELEVÉ
1. Bouilli.
2. Une longe de veau à la Benjamine.
3. Une carpe à la Chambord.
4. Esturgeons au salpicons.

ENTRÉES GRASSES
1. Une de noix de veau.
2. Une grenade.
3. Une aspic en petit deuil.
4. Une de cottelettes de pigeons.
5. Une de filets de lièvres en salpicons.
6. Une de canard en haricots vierges.

ENTRÉES MAIGRES
1. Une de boudin d'anguille à l'angloise.
2. Une de truite en pluche.
3. Une d'esturgeon à la Chivri.
4. Une de vives à la mariboul.
5. Une de truite saumonée à la ravigotte.
6. Une de saumon à la Mazarin.

SECOND SERVICE

—

GROSSES PIÈCES
1. Pâté.
2. Jambon.
3. Truite saumonée.
4. Ecrevisses.

RÔTI

1. Faisand.	3. Solles.
2. Pigeons ramiers.	4. Saumon frais.

LÉGUMES

1. Choux-fleurs.	3. Petits pois.
2. Artichauds.	4. Petites fêves.

ENTRÉES

1. Rosette d'amandes.
2. Crême au citrons.
3. Tourte de cerises.
4. Coquillages d'amandes.
5. Pain à la duchesse.
6. Gâteau de biscuit.
7. Meringues au caramel.
8. Rocher d'amandes.

La relation de cette réception est plus complète que la précédente, elle se termine non seulement par une chanson, mais encore par un petit poême, si tant est qu'on puisse donner ce nom à un assemblage de semblants de vers, la plupart sans rimes, ni mesure; il n'en reste pas moins amusant. Mais, à quel propos, me direz-vous, une chanson, un poême? (1).

(1) Le voyage du Prince, en 1783, donna lieu à un incident que raconte, ainsi qu'il suit, Arthur Dinaux, dans les *Archives historiques et littéraires du Nord de la France.* Nouvelle série, t. v. 1844, p. 448.

« *Les falbalas à Dechy.* Dans chaque localité, il existe des locutions proverbiales, admises dans le langage usuel, à l'aide desquelles on se comprend mais dont tout le monde ne peut cependant expliquer l'origine. C'est ainsi que dans le département du Nord on se sert quelquefois de l'expression des *falbalas à Dechy* pour exprimer des garnitures de jures ou de robes crottées; et peu de personnes, si ce n'est les vieillards du pays, sont aptes à donner l'étymologie de ce dicton local. Voici ce qui y a donné lieu. Le Prince de Condé et le duc de Bourbon, son fils, se trouvaient à Douai en 1783, et devaient passer en revue les troupes de la garnison de cette ville dans une plaine de la commune de Dechy, village des environs de Douai. Deux princes du sang, ont un jeune et brillant, une revue géné-

Voici la chose : Pas de fête militaire, sans revue ; or, pour la circonstance. on avait rassemblé toutes les troupes de la garnison dans l'endroit appelé les Marais de Dechy. Presque toute la population douaisienne s'y était rendue, les femmes surtout brûlant du désir de voir les Princes, ou plutôt d'en être vues. Tout alla bien jusqu'à l'arrivée d'un orage subit et terrible qui transforma les prairies en maré-

rale, des grandes manœuvres, de la musique militaire, du bruit, de la foule et du mouvement, il y avait là de quoi remuer toute la population d'une ville de province. C'est ce qui arriva. Un grand nombre de curieux, un plus grand nombre de jolies curieuses se portèrent en foule au lieu indiqué pour la solennité militaire.

Tout alla bien jusqu'à une certaine heure du jour ; mais, avant le défilé, un orage effroyable éclata sur la plaine de Dechy, et le ciel se fondit tout à coup en eau. On sait avec quelle rapidité les bonnes et grasses terres de la Flandre se détrempent par la pluie ; ce résultat ne manqua pas de se produire à Dechy. Les Douaisiennes, attaquées par la pluie, poursuivies par l'orage, durent battre forcément en retraite vers la ville. Elles quittèrent tumultueusement le champ de manœuvres et se retirèrent dans le plus grand désordre. On portait, à cette époque, des robes traînantes, garnies de plusieurs bandes plissées et flottantes, nommées *falbalas*. Il est inutile de dire dans quel état ces falbalas de robes blanches furent mis par la terre détrempée, dans laquelle les dames durent courir en désordre. Ces troupes légères douaisiennes firent une triste rentrée dans la ville. Pour comble de misère, quelques fuyards précurseurs du gros de l'armée, s'étaient permis d'annoncer l'état dans lequel la pluie, la boue, la sueur et la poussière avaient mis ces dames. Chacun s'était placé sur sa porte, pour voir passer les groupes en déroute, et de barbares éclats de rires accueillaient l'arrivée des jolies curieuses, crottées jusqu'à l'échine. Depuis ce jour, on nomma *falbalas à la Dechy* toute bordure mal séante appliquée à une robe blanche. Cette locution fut consacrée surtout par deux petites brochures, aujourd'hui fort rares, dues à la malice de deux poëtes du crû. La première est intitulée : *Chanson pour les Dames de Douai qui ont été au Marais de Dechy* : elle se compose de 14 couplets, que l'on chantait sur l'*air de Malborough*. Elle fut imprimée probablement à Douai, mais sans date et sans nom d'imprimeur. La seconde, moins bien versifiée, porte pour titre : *Les falbalas à Dechy, bouts-rimés, dédiés à une aimable demoiselle*, Douai, Derbaix, 1783, in-8 de 16 pages.

cages glissants et les routes en bourbiers. Il fallut rentrer quand même à Douai, mais dans quel état. Vous retracerai-je le tableau navrant de cette triste aventure ? Non. Je donne la parole ou chansonnier, et laisse, pour cette fois, le poète dans l'ombre :

Chanson pour les Dames de Douay qui ont été au Marais de Dechy

Nos Dames vont à la guerre,
Mironton, tonton, mirontaine ;
Nos Dames vont à la guerre,
Voir le Prince de Condé.

Voir le Prince de Condé. *bis.*
Elles ont mis leurs panaches, Mironton, etc.
Elles ont mis leurs panaches,
Et leurs souliers brodés.

Et leurs souliers brodés. *bis.*
Il survint un orage, Mironton, etc.
Il survint un orage,
Qui les a bien percées.

Qui les a bien percées, *bis.*
On tombait dans les flaques, Mironton, etc.
On tombait dans les flaques,
Aussi dans les fossés.

Aussi dans les fossés, *bis.*
L'une s'écrie, ma mère, Mironton, etc.
L'une s'écrie, ma mère,
L'autre mon bien-aimé.

L'autre mon bien-aimé, *bis.*
J'ai perdu ma jarretière, Mironton, etc.
J'ai perdu ma jarretière ;
Mes bas sont tous gâtés.

—

Mes bas sont tout gâté, *bis.*
On continue la route, Mironton, etc.
On continue la route,
Au bruit de maints sifflets.

—

Au bruit de maints sifflets, *bis.*
Dans pareille déroute, Mironton, etc.
Dans pareille déroute,
Il faudrait des bidets.

—

Il faudrait des bidets ; *bis.*
Au Faubourg elles arrivent, Mironton, etc.
Au Faubourg elles arrivent,
Non sans être moquées.

—

Non sans être moquées, *bis.*
Elles entrent dans la ville, Mironton, etc.
Elles entrent dans la ville,
Au milieu des huées.

—

Au milieu des huées, *bis.*
L'une prend le rempart, Mironton, etc.
L'une prend le rempart,
Ou les rues détournées.

—

Ou les rues détournées, *bis.*
L'autre dans un beau char, Mironton, etc.
L'autre dans un beau char,
Chez elle est retournée.

—

Chez elle est retournée, *bis.*
Si quelques maux, Mesdames, Mironton, etc.
Si quelques maux, Mesdames,
Altéraient vos attraient.

—

Altéraient vos attraits, bis.
Servez-vous, sur mon âme, Mironton, etc.
Servez-vous, sur mon âme,
Des boues de ce Marais.

FIN.